ONE DIRECTION

TUDO SOBRE A BANDA

TEXTO ORIGINAL: ELLEN BAILEY
EDIÇÃO ORIGINAL: PHILIPPA WIN GATE
PROJETO GRÁFICO ORIGINAL: ZOE BRADLEY

Título original: One dream, one direction

REVISÃO: Gabriela Ghetti
DIAGRAMAÇÃO: Mauro C. Naxara

CRÉDITO DAS IMAGENS:
Capa: Yui Mok / PA Archive / Press Association Images; Quarta capa: Michael Kovac / WireImage / Getty Images; Folhas de guarda iniciais e finais: © Jason Moore / ZUMA Press, Inc. / Alamy; p. 6: Action Press / Rex Features; p. 8–9: Startraks Photo / Rex Features; p. 11: Matt Baron / BEI / Rex Features; p. 13: Ken McKay / Rex Features; p. 15: George Pimentel / WireImage / Getty Images; p. 17: Danny Martindale / Getty Images; p. 19: Jon Furniss / WireImage / Getty Images; p. 20: Hugh Thompson / Rex Features; p. 22–23: David Fisher / Rex Features; p. 24–25: JAB Promotions / WireImage / Getty Images; p. 26–27: Beretta / Sims / Rex Features; p. 31: Danny Martindale / Getty Images; p. 32–33: Rex Features; p. 34–35: Jon Furniss / WireImage / Getty Images; p. 37: MediaPunch / Rex Features; p. 38: MediaPunch / Rex Features; p. 39 (acima): MediaPunch / Rex Features; p. 39 (abaixo): Toure Cheick / Rex Features; p. 42–43: Ken McKay / Rex Features; p. 44: AGF s.r.l. / Rex Features; p. 48: Startraks Photo / Rex Features; p. 50–51: Ken McKay / Rex Features; p. 52–53: Larry Busacca / Getty Images; p. 55: Chiaki Nozu / WireImage / Getty Images; p. 58–59: Matt Baron / BEI / Rex Features; p. 60: David Fisher / Rex Features; Imagem de fundo nas p. 4–5, 7, 8–9, 10–11, 12–13, 14–15, 16–17, 18–19, 20–21, 24–25, 26–27, 28–29, 30–31, 34–35, 36–37, 38–39, 40–41, 44–45, 46–47, 48–49, 50–51, 54–55, 56–57, 58–59, 60–61: ShutterStock Inc.

CIP-BRASIL. CATALOGAÇÃO-NA-FONTE
SINDICATO NACIONAL DOS EDITORES DE LIVROS, RJ

B138o

Bailey, Ellen
One Direction : tudo sobre a banda / Ellen Bailey ; [tradução Janaína Marcoantonio]. - São Paulo : Planeta, 2012.
64p.

Tradução de: One dream, One Direction
ISBN 978-85-7665-968-6

1. One Direction (Conjunto musical). 2. Cantores - Inglaterra - História. I. Título.

12-5834. CDD: 782.42164094
CDU: 784.001.26(420)

ATENÇÃO: Este livro não tem nenhum vínculo com a One Direction nem está endossado por nenhum de seus editores ou detentores de licenças.

2012

Editora Planeta do Brasil Ltda.
Avenida Francisco Matarazzo, 1500 | 3o andar | conj. 32 B
Edifício New York | 05001-100 | São Paulo – SP
www.editoraplaneta.com.br
vendas@editoraplaneta.com.br

ONE DIRECTION

TUDO SOBRE A BANDA

TRADUÇÃO
JANAÍNA MARCOANTONIO

Planeta

PiCK UP!
DER PiCKNICKER
THEDOME

SUMÁRIO

OS CINCO FABULOSOS

A epidemia da One Direction está se espalhando pelo mundo inteiro. Você já foi contagiada? Os sintomas incluem calor intenso, histeria e, às vezes, até desmaios. Ah, e não tem cura!

OS BRITÂNICOS ESTÃO CHEGANDO

Conhecidos como a "nova invasão britânica", Liam Payne, Harry Styles, Zayn Malik, Louis Tomlinson e Niall Horan apresentaram aos fãs do mundo inteiro seu inigualável estilo pop. A vida deles é um turbilhão incessante de shows ao vivo, sessões de fotos, aparições na TV, entrevistas de rádio, maratonas de autógrafos e gritos de fãs. De fato, quando perguntaram a Niall se ele queria que os gritos parassem em algum momento, ele respondeu: "Só quando estou comendo".

A FAMÍLIA 1D

As fãs da One Direction são conhecidas como "a família One Direction" ou "directioners". Elas estão entre as fãs mais dedicadas do mundo, percorrendo longas distâncias e esperando em fila durante horas para conseguir ver esses conquistadores de corações nem que seja por dois segundos.

Os integrantes da One Direction amam suas devotas seguidoras. "As fãs sempre me dizem que sou bonito, mas nunca vou ser tão bonito quanto elas", diz Niall. "Se não fosse pelas fãs, nós não teríamos nada", completa Harry.

PASSE LIVRE PARA OS BASTIDORES

Este livro é seu "passe livre" para o mundo da One Direction. Visite os bastidores e descubra tudo sobre a sua música, a moda e a fama. Acompanhe os meninos em sua jornada de crianças adoráveis a candidatos no *X Factor*, e daí ao sucesso internacional. Aperte os cintos: até agora, este tem sido um típico passeio de montanha-russa, e há muito mais pela frente!

HIPNOTIZADAS PELO HARRY

PERFIL

NOME
Harry Edward Styles

DATA DE NASCIMENTO
1° de fevereiro de 1994

SIGNO
Aquário

CIDADE NATAL
Holmes Chapel, Cheshire, Inglaterra

FILMES PREFERIDOS
Simplesmente amor e *Titanic*

CORES PREFERIDAS
rosa e laranja

MÚSICA APRESENTADA NO TESTE DO *X FACTOR*
"Isn't She Lovely", de Stevie Wonder

CURTE
jogar Laser Quest e tomar banho

NÃO CURTE
azeitonas, xingamentos e montanha-russa

NÃO PODE VIVER SEM
xampu Elseve L'Oréal e seu celular

CELEBRIDADE FAVORITA
Frankie, do The Saturdays

GOSTARIA DE SER
Louis Tomlinson

O QUE CERTAMENTE FARIA
dizer o que pensa quando está ao vivo na TV

O QUE DIFICILMENTE FARIA
alisar o cabelo

UMA FRASE QUE O DEFINE
"Eu sempre quis ser uma dessas pessoas que não se importam muito com o que os outros pensam delas... Mas simplesmente não sou."

VOCÊ SABIA?

- Antes de entrar para a One Direction, Harry foi vocalista de uma banda chamada White Eskimo.

- Quando conheceu o restante dos cinco fabulosos no *X Factor*, foi Harry que sugeriu o nome "One Direction".

ZAYN-MANÍACAS

PERFIL

NOME
Zayn Jawadd Malik

DATA DE NASCIMENTO
12 de janeiro de 1993

SIGNO
Capricórnio

CIDADE NATAL
Baildon, Bradford, Inglaterra

FILMES PREFERIDOS
Scarface e *Escritores da liberdade*

CORES PREFERIDAS
vermelho e azul

MÚSICA APRESENTADA NO TESTE DO *X FACTOR*
"Let Me Love You", de Mario

CURTE
ficar na cama até tarde aos domingos, piercings e filmes de terror

NÃO CURTE
pijamas, casca de pão e natação

NÃO PODE VIVER SEM
espelhos e frango assado

CELEBRIDADE FAVORITA
Megan Fox

GOSTARIA DE SER
Justin Timberlake

O QUE CERTAMENTE FARIA
cara de sexy para a foto

O QUE DIFICILMENTE FARIA
ser o primeiro a terminar de se arrumar de manhã

UMA FRASE QUE O DEFINE
"A vida é imprevisível, as coisas mudam, as pessoas mudam, mas você sempre será você mesmo, então seja verdadeiro consigo e nunca sacrifique o que você é por ninguém."

VOCÊ SABIA?
- Durante o *X Factor*, Zayn sofreu um ataque de nervos e decidiu ficar nos bastidores durante um número de dança. Simon Cowell percebeu que faltava Zayn, foi atrás dele e o convenceu a continuar na competição. Ufa!

LOUCAS PELO LOUIS

PERFIL

NOME
Louis William Tomlinson

DATA DE NASCIMENTO
24 de dezembro de 1991

SIGNO
Capricórnio

CIDADE NATAL
Doncaster, South Yorkshire, Inglaterra

FILME PREFERIDO
Grease – Nos tempos da brilhantina

CORES PREFERIDAS
roxo e vermelho

MÚSICA APRESENTADA NO TESTE DO *X FACTOR*
"Hey There Delilah", de Plain White T's

CURTE
tomar sol, vozes engraçadas, fazer as pessoas rirem e jogos de computador

NÃO CURTE
não ter acesso à internet, estar pálido e fumar

NÃO PODE VIVER SEM
sua mãe e xampu a seco – para quando não tem tempo de lavar o cabelo

CELEBRIDADE FAVORITA
Emma Watson e Cheryl Cole

GOSTARIA DE SER
Robbie Williams

O QUE CERTAMENTE FARIA
pregar peças nos outros

O QUE DIFICILMENTE FARIA
ficar sério em uma entrevista

UMA FRASE QUE O DEFINE
"Viva o momento presente, porque todo o resto é incerto."

VOCÊ SABIA?
• A mãe de Louis o fez passar vergonha ao contar no Twitter histórias de quando ele era bebê! As coisas que ele mais fazia quando criança eram:
1. Sentar em seu carrinho e acenar para todo mundo.
2. Subir em árvores.
3. Fazer uma "mistureba" de cereais no café da manhã.
Que fofo!

NAS NUVENS PELO NIALL

PERFIL

NOME
Niall James Horan

DATA DE NASCIMENTO
13 de setembro de 1993

SIGNO
Virgem

CIDADE NATAL
Mullingar, County Westmeath, Irlanda

FILMES PREFERIDOS
Grease – Nos tempos da brilhantina e *O poderoso chefão*

CORES PREFERIDAS
amarelo e azul

MÚSICA APRESENTADA NO TESTE DO *X FACTOR*
"So Sick", de Ne-Yo

CURTE
futebol, pizza, chamar o Simon Cowell de "tio Si"

NÃO CURTE
palhaços e lugares pequenos

NÃO PODE VIVER SEM
dormir

CELEBRIDADE FAVORITA
Cheryl Cole

GOSTARIA DE SER
Michael Bublé

O QUE CERTAMENTE FARIA
conquistar a todos com seu sotaque irlandês

O QUE DIFICILMENTE FARIA
dar uma cantada grosseira ou tingir suas mechas loiras de castanho ou preto

UMA FRASE QUE O DEFINE
"As pessoas acham que uma banda de garotos se resume a fazer piruetas e usar a mesma cor de roupa. Nós somos garotos em uma banda. Estamos tentando fazer algo diferente daquilo que as pessoas pensariam que é típico de uma boy band. Estamos tentando fazer tipos de música diferentes e simplesmente ser nós mesmos, e não impecáveis."

VOCÊ SABIA?
- Niall é imbatível em competições de peidos e consegue esvaziar um quarto – ou um ônibus de turnê – em segundos!

LIAM É LINDO

PERFIL

NOME
Liam James Payne

DATA DE NASCIMENTO
29 de agosto de 1993

SIGNO
Virgem

CIDADE NATAL
Wolverhampton, West Midlands, Inglaterra

FILMES PREFERIDOS
Todos os *Toy Story*

CORES PREFERIDAS
roxo e azul

MÚSICA APRESENTADA NO TESTE DO *X FACTOR*
"Cry Me a River", de Michael Bublé

CURTE
cantar no chuveiro, surpresas, fazer chapinha no cabelo e massagens

NÃO CURTE
tuítes desagradáveis, colheres e andar de avião

NÃO PODE VIVER SEM
produtos para o cabelo

CELEBRIDADE FAVORITA
Leona Lewis

GOSTARIA DE SER
o comediante Michael McIntyre

O QUE CERTAMENTE FARIA
convidar uma garota para sair com uma serenata

O QUE DIFICILMENTE FARIA
ser grosso

UMA FRASE QUE O DEFINE
"Eu tento ser calmo, mas não sou muito bom nisso."

VOCÊ SABIA?
• A primeira audição de Liam no *X Factor* foi em 2008, quando tinha apenas 14 anos. Ele chegou à quarta etapa, a Casa dos Jurados. Mas Simon Cowell achou que Liam não estava pronto e pediu para ele voltar dois anos depois. Ficamos muito felizes por ele ter voltado!

"FOREVER YOUNG"

Antes de Liam, Harry, Zayn, Louis e Niall se reunirem para formar a One Direction, eles eram só cinco garotinhos superfofos com grandes ambições. Os rapazes podem ter sonhado em ser celebridade, mas jamais teriam como saber que tudo aconteceria tão depressa...

LIAM

"Quando era criança, eu sempre falei que queria um irmão. Agora é como se eu tivesse quatro."

Liam é a prova de que, se você põe uma coisa na cabeça, pode conseguir, não importa os desafios que encontrará no caminho. Liam nasceu com só um rim funcionando e, quando criança, entrava e saía do hospital o tempo todo. Ele tomava 32 injeções por dia! Determinado a não deixar que a doença o impedisse de ter uma vida normal, começou a levantar às 6 da manhã todos os dias e correr quilômetros antes de ir para a aula. Sua dedicação valeu a pena quando ele entrou para a equipe de cross

country da escola. Ele também aprendeu boxe, o que foi ótimo para botar medo nos valentões do colégio: "Me deu confiança. Em dois anos, eu me tornei muito bom". Sem dúvida, essa autoconfiança transparece no seu sorriso atrevido.

NIALL

"Toda a minha família se lembra de eu estar sempre cantando alguma coisa."

Desde criança, o talentoso Niall impressiona as pessoas com suas habilidades musicais. Ele aprendeu a tocar violão quando tinha apenas 12 anos, e logo começou a se apresentar ao vivo. Competiu – e saiu vencedor – em uma série de shows de talentos e sabia que estava destinado a uma carreira artística.

Seus pais, Maura e Bobby, se separaram quando ele era pequeno, mas se reaproximaram durante a competição do *X Factor*, fazendo de tudo pelo filho. "Foi uma experiência fantástica ver meu filho se apresentar ao vivo diante de todas aquelas pessoas", diz seu pai, Bobby. "Ele se saiu muito bem."

HARRY

"Eu tive algumas namoradas quando era bem pequeno, mas só fui ter uma de verdade aos 12 anos."

Harry sempre adorou cantar e dançar, e gravou suas primeiras músicas quando ainda era criança. "Meu pai me apresentou as músicas que ele curtia, e, quando ganhei um aparelho de karaokê do meu avô, meu primo e eu gravamos várias do Elvis." Sempre pronto para uma risada, Harry tem seu lado atrevido. "Eu gostava de fazer 'bunda-lelê' na escola, porque me fazia rir!"

LOUIS

"Passei por uma fase de usar roupas estranhíssimas quando tinha uns 13 anos."

Louis cresceu com quatro irmãs mais novas – Charlotte, Félicité e as gêmeas Daisy e Phoebe. "Acho que, em alguns aspectos, isso me ensinou sobre as mulheres", diz Louis. "Sem dúvida, ter tantas irmãs me ajudou com as crianças também... Eu simplesmente amo bebês, e os caras estão sempre zoando comigo porque sou muito paizão."

Antes de entrar para a One Direction, Louis frequentou uma escola de atores e conseguiu papéis em vários programas de TV, mas ele diz que o melhor trabalho que já teve foi em uma sala de cinema, porque podia ver todas as estreias. Até os 17 anos, ele nunca havia se interessado muito por roupa, mas agora tudo mudou.

ZAYN

"Fui uma criança meio difícil de lidar, porque eu era hiperativo."

A beleza de Zayn vem de sua origem mestiça – sua mãe é britânica e seu pai, paquistanês. Mas nem sempre foi fácil ser diferente das outras crianças. "Nas duas primeiras escolas, eu sentia que não me encaixava", ele lembra. "Depois, minha irmã e eu mudamos para uma escola diferente, muito mais mesclada, e me senti mais à vontade. E também todas as meninas queriam saber quem era esse novo garoto, e foi quando eu me tornei popular." Zayn experimentou diferentes cortes de cabelo durante a adolescência – ele até raspou a cabeça e teve falhas nas sobrancelhas! "Eu achava que era um verdadeiro gângster por curtir R&B e rap."

A JORNADA X FACTOR

O caminho dos cinco fabulosos em direção ao superestrelato tem sido um verdadeiro passeio de montanha-russa. No começo da jornada da One Direction, no *X Factor 2010*, houve momentos simplesmente eletrizantes.

A CAMINHO DE CASA

Inicialmente, Liam, Harry, Zayn, Louis e Niall se apresentaram como artistas solo, e todos eles acharam que seu sonho estava acabado quando ficaram sabendo que não haviam passado para a etapa seguinte da competição. Mas os jurados concluíram que os adolescentes eram talentosos demais para ser mandados de volta para casa. Quando Nicole Scherzinger, a jurada convidada, sugeriu que os cinco solistas se reunissem para uma apresentação em grupo, a história começou.

Simon Cowell reconheceu o potencial dos garotos e os orientou durante o resto da competição. Simon é conhecido por sua capacidade de identificar talentos verdadeiros, e os meninos provaram que ele não se enganou ao apostar tanto neles.

UM VÍNCULO INDESTRUTÍVEL

Juntos, os meninos eram imbatíveis. Em pouquíssimo tempo, eles haviam construído uma grande amizade, um vínculo indestrutível e um som sem igual. As outras bandas mais destacadas na competição não tiveram a menor chance

quando, a cada semana, os garotos conquistaram os jurados e os espectadores ao cantar músicas de sucesso. Estas são as que eles cantaram no palco durante os shows ao vivo:

Semana 1: "Viva La Vida"
Semana 2: "My Life Would Suck Without You"
Semana 3: "Nobody Knows"
Semana 4: "Total Eclipse of the Heart"
Semana 5: "Kids In America"
Semana 6: "The Way You Look Tonight"
Semana 7: "All You Need is Love"
Semana 8: "You Are So Beautiful" e "Summer of '69"
Semana 9: "Chasing Cars" E "Only Girl (In The World)"

A One Direction chegou à grande final do *X Factor* ao vivo e acabou ficando em terceiro lugar, logo atrás de Rebecca Ferguson e do vencedor, Matt Cardle. Para alguns artistas, este teria sido o fim da história, mas não para a One Direction.

CONTRATO ASSINADO

Fãs de toda parte ficaram loucos quando a versão que eles fizeram de "Forever Young", a música que teriam lançado se tivessem ganhado a competição, vazou na internet. Simon Cowell imediatamente contratou os garotos para seu selo musical, Syco, e assim começou esse turbilhão que é a vida de uma boy band internacional.

O RESTO É HISTÓRIA

Depois que o programa terminou, os garotos se reuniram outra vez com os demais concorrentes e embarcaram na turnê do *X Factor*, para o êxtase de fãs em todo o Reino Unido.

De seu começo humilde no *X Factor*, Harry, Louis, Zayn, Liam e Niall agora só têm uma direção possível: as estrelas!

GRANDES AMIGOS

Depois que os meninos foram agrupados no *X Factor*, não demorou muito para que eles virassem grandes amigos. Em pouquíssimo tempo, eles se tornaram tão próximos quanto qualquer boy band no planeta. E o vínculo entre eles se reflete em suas harmonias perfeitas, não é mesmo?

FAZENDO A COISA FUNCIONAR

Liam, Harry, Zayn, Louis e Niall trazem, cada um deles, algo único ao grupo, mas, quando você reúne cinco garotos talentosos e obstinados, pode dar um certo trabalho conseguir que todos sintam que sua opinião

está sendo ouvida. "No início, nossas ideias se chocavam um pouco", admite Zayn. "Foi meio difícil começar, porque fomos todos jogados num mesmo grupo", diz Liam. "Tivemos muito pouco tempo para nos conhecer. Mas agora nos damos superbem e estamos todos vivendo juntos e é incrível!"

ENGRAÇADINHOS

Tanto na casa do *X Factor* quanto na turnê, os garotos se tornaram amigos da forma como sempre acontece com a maioria dos meninos bagunceiros: zoando uns com os outros! Eles entravam de mansinho no quarto uns dos outros e se atacavam com máquinas de cortar cabelo: "Liam estava dormindo e Zayn raspou um pedaço da sobrancelha dele", revela Harry. "E enquanto Zayn dormia, eu raspei minhas iniciais no pelo da perna dele."

Louis também gosta de pregar peças. "Grrr! Louis sempre entra no meu quarto e joga baldes de água em cima de mim quando estou dormindo", reclama Niall.

Com todas essas travessuras, não é de surpreender que Harry às vezes sinta falta de casa. Na casa do *X Factor*, ele confessou: "A casa é bem barulhenta. Tem sempre os bagunceiros e os organizados, e é muito bom morar com todos os garotos. Mas eu sinto um pouco de saudades da minha mãe."

MÃOS À OBRA

Os garotos com certeza sabem como se divertir, mas ninguém consegue ser uma sensação pop internacional sem uma boa dose de dedicação. Esses profissionais sabem quando é hora de arregaçar as mangas e parar de fazer bagunça.

"Acho que, socialmente, tendo passado tanto tempo juntos, nós viramos ótimos amigos", explica Harry. "Mas na hora dos shows e dos ensaios não deixamos que isso interfira. Somos profissionais quando precisamos ser."

DE OLHO NAS ESTRELAS

Será que seu futuro ao lado do seu integrante predileto da One Direction está escrito nas estrelas? Continue lendo para descobrir.

Se o seu signo é Gêmeos, Libra, Sagitário, Áries ou Aquário, seu par ideal é...

HARRY

Se o seu signo é Leão, Capricórnio ou Câncer, seu par ideal é...

LIAM OU NIALL

Se o seu signo é Touro, Virgem, Escorpião ou Peixes, seu par ideal é...

ZAYN OU LOUIS

Harry é de Aquário, o que significa que ele tem a mente aberta e gosta de explorar novos horizontes. Os aquarianos adoram garotas inteligentes; você pode ser a garota mais bonita do mundo, mas, se não for capaz de seduzi-lo com um bom papo, ele simplesmente não estará interessado. Os aquarianos precisam de liberdade e odeiam quando as garotas são ciumentas. Mas não há motivo para se preocupar, pois os aquarianos são namorados fiéis.

VIRTUDES: Gentil, independente, honesto

CURTE: Sonhar com o futuro e relembrar o passado

NÃO CURTE: Pessoas falsas ou hipócritas

PEDRA DO ZODÍACO: Ametista

COR DA SORTE: Azul

DIA DE SORTE: Domingo

Liam e Niall são de Virgem, o que significa que eles são calmos por fora, mas cheios de emoção por dentro. Se esses rapazes pegam leve no começo de um relacionamento, você sabe por quê. Os virginianos gostam de se sentir seguros e preferem garotas que não sejam muito impulsivas ou pouco convencionais. Os virginianos são ótimos namorados, porque ficarão ao seu lado não importa o que aconteça.

VIRTUDES: Inteligente, modesto, prático, engraçado

CURTE: Precisão, limpeza, ordem

NÃO CURTE: Trabalho desleixado, incerteza

PEDRA DO ZODÍACO: Safira

COR DA SORTE: Verde

DIA DE SORTE: Quarta-feira

Zayn e Louis são de Capricórnio, o que significa que eles são muito apaixonados. Leva tempo para um capricorniano confiar nas pessoas, e para sair com um deles é preciso estar preparada para ir devagar, sem esperar demais no começo do relacionamento. Mas, depois de conquistar seu coração, ele é seu para sempre.

VIRTUDES: Ambicioso, paciente, estável

CURTE: Privacidade, casa e família

NÃO CURTE: Estar só, ser provocado

PEDRA DO ZODÍACO: Granada

COR DA SORTE: Marrom

DIA DE SORTE: Sábado

TEM QUE SER VOCÊ!

Liam, Harry, Louis, Zayn e Niall nunca tiveram dificuldade com as garotas e, desde que se tornaram famosos, há centenas de milhares delas que fariam praticamente qualquer coisa para conhecê-los.

Esta é a sua chance de saber exatamente o que os rapazes da One Direction procuram em uma garota. Descubra como eles seriam em um relacionamento, caso todos os seus sonhos se tornassem realidade.

	LIAM	HARRY	ZAYN	NIALL	LOUIS
COMO NAMORADO, ELE É	sensível e romântico	fiel e divertido	tímido no começo	sempre pronto para uma risada	leal e confiável
PARA CHAMAR A ATENÇÃO DELE	abra um grande sorriso	mexa no cabelo	faça um elogio	use calças justas	conte uma piada
ELE GOSTA DE GAROTAS	de cabelo castanho	mais velhas do que ele	desen-canadas	que sabem lidar com provocação	vaidosas
ELE NÃO GOSTA DE GAROTAS	muito escan-dalosas	que gritam	grudentas	que curtem filmes da Disney	com tatuagem
EM UM ENCONTRO, ELE CERTAMENTE IRÁ VESTIDO COM	jeans e camiseta	jeans, uma camiseta bonita e um blazer	jeans e camiseta	jeans, camisa e blazer	calças de algodão e camisa polo

UM NOME DIZ TUDO

Quer saber qual dos meninos da One Direction é o cara certo para você? Descubra a resposta no seu nome...

1. Conte o número de letras do seu nome e some ao número de letras do seu sobrenome.

2. Divida esse número por dois. Se der um número quebrado, arredonde para cima. Por exemplo, se der 5,5, arredonde para 6.

3. Começando no coração de cima, com o nome de Harry dentro, conte as pétalas da flor no sentido horário até chegar ao seu número, e então pinte esse coração.

4. Continue contando os corações seguintes, pulando os que já foram pintados. Cada vez que chegar ao seu número, pinte o coração.

5. Quando restar só um coração sem colorir, este é o seu gato!

Jingle Ball
MJ
FM

Windows 7

NO TOPO DAS PARADAS

Desde que firmou um contrato de gravação de dois milhões de libras com o Syco, o selo musical de Simon Cowell, a One Direction vem disparando nas paradas do mundo inteiro. Veja só o que eles andaram aprontando...

FEVEREIRO DE 2011: A One Direction parte para a turnê do *X Factor* pelo Reino Unido.

ABRIL DE 2011: Os garotos são anunciados como as estrelas de uma série de propagandas do Pokémon Black e do Pokémon White, do Nintendo DS e Nintendo DSi.

MAIO DE 2011: Os garotos vão para a Suécia e começam a trabalhar no estúdio para gravar seu primeiro single. "Quando saiu a demo de 'What Makes You Beautiful', imediatamente sentimos uma satisfação enorme", diz Louis.

JULHO DE 2011: A One Direction parte para Los Angeles, EUA, para gravar o clipe de "What Makes You Beautiful". Eles também comemoram o aniversário de um ano da banda.

SETEMBRO DE 2011: O single quebra os recordes de pré-venda da Sony Music e alcança o primeiro lugar na Parada do Reino Unido, vendendo 153.965 cópias na primeira semana.

SETEMBRO DE 2011: Os garotos publicam sua primeira biografia, *Dare to dream*, e percorrem o Reino Unido participando de sessões de autógrafos do livro, que esgotou rapidamente.

OUTUBRO DE 2011: Fãs de todo o mundo fazem uma campanha para que a banda as visite, no desafio "Bring 1D To Me". Os meninos visitam a Suécia, a Itália, a Holanda e a Alemanha.

NOVEMBRO DE 2011: O segundo single do grupo, "Gotta Be You", e seu primeiro álbum, *Up all night*, são lançados no Reino Unido. Este se torna o álbum de estreia que vendeu mais rápido em 2011.

DEZEMBRO DE 2011: Os meninos fazem uma turnê pelo Reino Unido. Os ingressos se esgotam em minutos.

FEVEREIRO DE 2012: A One Direction lança seu terceiro single, "One Thing".

MARÇO DE 2012: A One Direction se torna o primeiro grupo britânico na história a chegar ao topo da parada norte-americana Billboard com seu álbum de estreia. "Simplesmente não podemos acreditar que somos número um nos Estados Unidos! Para nós, é muito mais do que um sonho transformado em realidade", exclama Harry.

ABRIL DE 2012: Os garotos vendem mais de 4 milhões de discos em seis meses. Eles partem para os Estados Unidos e a Austrália para apresentar e promover seu álbum, e são número um em mais de 14 países.

MAIO / JUNHO DE 2012: A One Direction vai aos Estados Unidos novamente para sua grande turnê pelo país, fazendo shows gigantes e conhecendo cara a cara suas fãs norte-americanas.

A FAMÍLIA 1D

As fãs da One Direction estão entre as mais fiéis do mundo. Se você conhece as letras de todas as músicas, segue os meninos no Facebook e no Twitter, tem pôsteres da banda nas paredes do seu quarto e viajaria quilômetros só para conseguir vê-los por dois segundos, pode se considerar parte da família 1D. E que família!

QUE TIPO DE FÃ VOCÊ É?

De acordo com a One Direction, existem diferentes tipos de fãs. Há as que gritam, passam mal e às vezes até desmaiam. Há aquelas que pegam leve e conversam com os meninos. Por fim, há as tímidas, que preferem admirar os gatos à distância. Só você sabe que tipo de fã você é.

A ONE DIRECTION E AS FÃS

Algumas coisas que os rapazes disseram sobre suas admiradoras tão queridas:

"Nós não seríamos ninguém sem nossas fãs. Vocês são incríveis, devemos tudo a vocês."
(Louis)

"Não acho que devo sair com alguém ou não com base no fato de ela ser uma fã – se for fã, ótimo."
(Zayn)

"Algumas fãs nos pediram para autografá-las na unha do dedão do pé. Tudo bem, não foi tão grosseiro assim. Acho que há lugares piores para autografar."
(Harry)

PRESENTES ESTRANHOS

Os rapazes receberam alguns presentes maravilhosos e muito estranhos de suas fãs. Estes são alguns dos mais bizarros:

Harry – um pé de alface
Niall – um filhotinho de carneiro de verdade
Liam – uma caixa de cogumelos
Louis – um saco de cenouras
Zayn – um "biquíni masculino", no estilo daquele usado pelo personagem Borat.

ABSOLUTAMENTE APAIXONADAS

As fãs da One Direction realmente dão o sangue por seus heróis. Estes são alguns dos atos de devoção mais extraordinários que elas realizaram por seus ídolos:

• April Bliss, de 17 anos, raspou a cabeça para conseguir entradas para um show da One Direction (os ingressos à venda já haviam se esgotado) e arrecadar dinheiro para a instituição Leukaemia and Blood Cancer, da Nova Zelândia. Ela doou o cabelo para fazer uma peruca para alguém com câncer. Isso é amor de verdade!

• Mais de 300 superfãs canadenses acamparam por 35 horas no frio congelante para conseguir colocar os olhos em seus ídolos em Montreal. A temperatura do lado de fora marcava –10° C. Fãs frrrrrrrenéticas!

• Grupos de fãs se vestem como a banda. "Em Boston, fizemos um encontro com fãs, e cinco garotas vieram vestidas como cada um de nós", lembra Harry. "Elas fazem muito isso. É legal."

LIVE WITH ROMEO
SATURDAY NIGHT ONLINE.COM
SATURDAYNIGHTONLINE.COM

BASTIDORES

Você já se perguntou o que os meninos da One Direction aprontam quando as câmeras estão desligadas? Eles lhe diriam que estar em turnê é como ir dormir na casa dos amigos depois de uma grande festa, fazendo tudo ao lado de seus quatro melhores companheiros, tudo isso intercalado com a gritaria de milhares de fãs e sessões de foto no tapete vermelho.

Suba no ônibus da banda e descubra como é a vida da One Direction quando eles caem na estrada.

ASTROS DO FUTEBOL

Para a viagem não ficar chata, especialmente em trajetos longos, os garotos da One Direction adoram jogar FIFA no videogame e fazem torneios para ver quem é o campeão.

Assim que o ônibus para e os garotos têm a chance de esticar as pernas, a primeira coisa que fazem é procurar um lugar para jogar. Os meninos são esportistas e adoram futebol – é a maneira perfeita de se desconectar e relaxar.

GAROTOS DE SORTE

Os sensatos meninos sabem quanto são sortudos por fazer o que amam e acordar em uma cidade nova a cada dia. "As pessoas da nossa idade normalmente estão na escola e coisas do tipo", diz Harry. "Nós estamos viajando pelo mundo. Olha lá – é Nova York!"

REGRAS DA ESTRADA

De acordo com os garotos, há cinco regras fundamentais para a boa convivência durante uma viagem de ônibus:

1. Limpar o que cada um suja.
2. Dormir quando quiser.
3. Comer muito.
4. Não permitir nenhuma menina no ônibus.
5. Sempre deixar Niall ficar com a cama de cima do beliche.

ENGRAÇADINHOS

Os rapazes adoram zoar e vivem pregando peças uns nos outros para passar o tempo. Quem você acha que leva o troféu de mais bagunceiro?

• **Louis,** por enfiar canudos no nariz de Harry enquanto ele dormia, para fazê-lo parecer uma morsa.

• **Liam,** por jogar um balde d'água em Niall enquanto ele estava dormindo.

• **Harry,** por colar e depois arrancar uma fita adesiva na boca de Louis.

• **Zayn,** por acionar o extintor de incêndio na cara de Niall.

• **Niall,** por tirar uma foto de Liam usando o banheiro.

CAINDO NA ESTRADA

Os meninos da One Direction terminaram sua turnê e estão caindo na estrada, deixando para trás o barulho e o trânsito de Nova York rumo a uma festa na praia em Los Angeles, a tranquila cidade do sol e do surfe. E a melhor notícia é que você é uma das convidadas!

Pegue um dado, chame uma amiga e joguem este jogo para ver qual das duas chega primeiro à festa na praia.

COMEÇO:
CIDADE DE NOVA YORK

SUAS AMIGAS ESTÃO MORRENDO DE INVEJA! PARA NÃO TER QUE TRAZER TODOS OS PRESENTINHOS MALUCOS QUE ELAS PEDIRAM...
AVANCE 3 CASAS.

VOCÊ E OS MENINOS ESTÃO SENDO PERSEGUIDOS PELOS PAPARAZZI
PULE 1 CASA PARA DESPISTÁ-LOS.

VOCÊ PERDEU A HORA, E OS MENINOS DA BANDA A DEIXARAM PARA TRÁS.
PERCA SUA VEZ.

VOCÊ ESQUECEU SUA CREDENCIAL DE ACESSO AOS CAMARINS EM NOVA YORK.
VÁ PARA A "PARADA DO DESCANSO".

PARADA DO DESCANSO.
PARA SAIR, TIRE 6 NO DADO.

UM REPÓRTER A INTERROGA À PROCURA DE SEGREDOS E, SEM QUERER, VOCÊ SOLTA UMA INFORMAÇÃO CONFIDENCIAL.
VOLTE 4 CASAS.

VOCÊ FOI CONVIDADA PARA UMA FESTA VIP!
JOGUE NOVAMENTE.

VOCÊ FOI PEGA PELOS PAPARAZZI COM OS MENINOS, E TODOS ESTÃO FALANDO DE VOCÊ.
VOLTE 2 CASAS.

OS MENINOS CONVIDARAM VOCÊ PARA PARTICIPAR DO PRÓXIMO CLIPE DELES!
AVANCE 2 CASAS.

FINAL:
FESTA NA PRAIA

PÂNICO DE PALCO NO ÚLTIMO MINUTO.
PERCA SUA VEZ.

NUM FASCINANTE PASSEIO DE COMPRAS COM O ESTILISTA DA 1D, VOCÊ PERDE A NOÇÃO DA HORA.
VOLTE 1 CASA.

QUANTO ESTILO!

A One Direction com certeza sabe como marcar presença no mundo da moda. Eles foram vistos na primeira fila da London Fashion Week, foram indicados para o prêmio de Mais Bem-Vestidos de 2012 da revista *GQ*, e algumas celebridades foram pegas copiando o estilo deles! Vestidos de gala no tapete vermelho ou usando shorts num dia de praia, os meninos sempre conseguem ter um visual descolado, sem esforços. Veja como...

FIÉIS ÀS ORIGENS

Liam, Zayn, Niall, Harry e Louis dizem que, desde que ficaram famosos, ganharam confiança em seu próprio estilo e incentivam uns aos outros a se expressar por meio da roupa.

Desde que formaram a One Direction, seu visual foi sendo aprimorado, mas o segredo para estarem sempre bem-vestidos é que cada um deles se manteve fiel ao seu próprio estilo. Zayn é o mais inovador e leva seu estilo muito a sério. Louis ama um look náutico, descontraído. Harry gosta de aparecer sofisticado e elegante, em ternos sob medida. Para Liam, o conforto é a coisa mais importante – ele adora relaxar usando jeans e camisas xadrez –, e Niall curte jeans e camisas polo em cores claras e neutras.

VOCÊ SABIA?

Não sendo do tipo que se leva tão a sério, os meninos adoram usar macacões. Será que a moda pega por aqui também?

C: "Alpargatas e calças com as barras dobradas."

D: "Deixe o cabelo crescer."

E: "Você não tem como errar com uma camiseta branca."

B: "Não se esforce demais... simplesmente pareça natural."

A: "Relógios e braceletes podem realçar qualquer roupa."

Zayn

Louis

Liam

Niall

Harry

CONSELHOS DE ESTILO

Você é capaz de descobrir quem deu cada uma destas dicas sobre estilo? Ligue o conselho com o integrante do grupo correspondente. Confira suas respostas na página 61.

QUEBRANDO AS REGRAS

Os meninos da One Direction não têm medo de quebrar algumas regras da moda. Amam misturar e combinar estilos elegantes e formais com peças clássicas mais descontraídas. Não é qualquer um que pode combinar um terno listrado com tênis de basquete, ou uma gravata borboleta com um jeans skinny, mas esses garotos estilosos certamente sabem como montar um look.

ATRATIVOS PARA AS MARCAS

Uma das melhores coisas de estar na One Direction é que as marcas de roupa famosas enviam peças de graça. Os garotos preferem marcas esportivas como Bench, Caterpillar e G Star Raw. Niall ama os tênis da Fred Perry, da Converse e da Nike Dunks. Liam gosta de usar Jack Wills entre um show e outro, e algumas das roupas favoritas de Harry vêm da Aquascutum.

ONE FOR ONE

Louis é um grande fã da marca sustentável TOMS e está sempre usando um dos muitos pares de calçados da marca. A TOMS foi fundada por Blake Mycoskie, um norte-americano que, viajando pela Argentina, se deparou com crianças que não tinham nenhum calçado para proteger os pés. Blake teve a ideia do movimento "One for one": para cada par de calçados comprado, um novo é doado a uma criança carente. Dessa forma, os meninos da banda ajudaram muitas crianças nos países em desenvolvimento, e em grande estilo.

QUAL DELES É O SEU?

Você foi feita para o Zayn, é perfeita para o Harry, ou ideal para o Liam? Você quer ser a namorada do Niall ou se casar com o Louis? Siga este teste para descobrir qual dos meninos da 1D combina mais com você...

1. Seus amigos sugerem pregar uma peça num professor. O que você faz?

- Fica na sua.
- Parte para a ação.

2. Você encontra o menino de quem gosta numa festa. O que faz?

- Finge que não está nem aí.
- Vai falar com ele.

3. Sua melhor amiga está um pouco triste. O que você faz para animá-la?

- Dá um presente para ela.
- Conta uma piada.

4. Como os seus amigos descreveriam você?

- Uma amiga bem-comportada.
- Uma garota sexy.

5. No meio da aula você derrama uma bebida vermelha em sua blusa. O que você faz?

- Corre para casa e se troca.
- Diz que é a última moda

6. Um menino dá uma cantada idiota em você. O que você faz?

- Ignora.
- Responde com uma frase idiota também, no mesmo instante.

Sai para correr.

7. Você está estressada. O que faz para relaxar?

Toma um banho demorado.

Se esconde dentro de casa.

8. Você acorda com uma espinha gigante no rosto. O que faz?

Sai mesmo assim.

É gentil.

9. Um entrevistador pergunta o que você acha do visual do Simon Cowell. Você acha horrível! O que você faz?

Diz a verdade.

Corre e se esconde.

10. A mãe de uma amiga pede para você cuidar de três crianças pequenas. O que você faz?

Agarra a oportunidade.

Liam

Zayn

Niall

Harry

Louis

VERDADE OU MENTIRA?

Aqui há doze afirmações sobre a One Direction. Você consegue descobrir quais são verdadeiras e quais são falsas? Confira as respostas na página 61.

AFIRMAÇÃO 1:
Louis se machucou com um ouriço-do-mar durante a etapa da Casa dos Jurados no X Factor.

AFIRMAÇÃO 2:
Niall ama maionese.

AFIRMAÇÃO 3:
Zayn é metade espanhol.

AFIRMAÇÃO 4:
A One Direction gosta de brincar com um pombo chamado Kevin.

AFIRMAÇÃO 5:
Harry tem quatro mamilos.

AFIRMAÇÃO 6:
"Gotta Be You" é a primeira faixa do álbum *Up all night.*

AFIRMAÇÃO 7:
Liam tem uma marca de nascença no pescoço.

AFIRMAÇÃO 8:
A mãe de Niall já fez um teste para participar do X Factor.

AFIRMAÇÃO 9:
Louis chama Niall de "draga" porque ele come demais.

AFIRMAÇÃO 10:
Os meninos já passaram trote no Simon Cowell

AFIRMAÇÃO 11:
Zayn e Niall estiveram numa propaganda de TV da Levi's.

AFIRMAÇÃO 12:
Harry frequentou a mesma escola que Kate Middleton, que hoje é a duquesa de Cambridge.

RUMO AOS EUA

A One Direction amou sua primeira aventura nos Estados Unidos. Os meninos foram recebidos no aeroporto de Los Angeles por um exército de fãs levantando cartazes, e imediatamente souberam que esta seria a viagem da vida deles. Foi tudo uma loucura sem descanso, entre estreias de filme, sessões de autógrafos e shows. Descubra até onde eles chegaram...

RECEPÇÃO FANTÁSTICA

Os garotos da One Direction nunca haviam imaginado que teriam tamanha recepção nos Estados Unidos. "Você vê alguns nomes no Twitter – as pessoas dizendo "Sou dos EUA! Sou dos EUA!", diz Louis. "Mas é só quando está aqui, e vê com os próprios olhos, que percebe que é real."

Segundo os meninos, as fãs dos Estados Unidos são as mais escandalosas, as mais malucas e as mais confiantes do mundo. Eles adoram ver que as fãs norte-americanas não têm medo de ir até eles e conversar, e ficaram impressionados com todo o amor que receberam das fãs nesse país!

BIG TIME RUSH

A One Direction se uniu ao Big Time Rush em sua turnê pelos Estados Unidos, e as duas bandas se divertiram muito no palco, e fora também. "Os caras do Big Time Rush são mesmo muito parecidos com a gente", diz Liam. "Também são meio bagunceiros e gostam muito de se divertir." A popularidade da One Direction estourou durante a turnê, e eles foram convidados a se apresentar na 25ª edição do Kids' Choice Award, do canal Nickelodeon, em Los Angeles. Esta foi uma grande honra para os cinco meninos britânicos. Eles estavam especialmente ansiosos por encontrar Katy Perry, Will Smith e David Beckham, e até foram apresentados à primeira-dama dos EUA, Michelle Obama, nos bastidores.

ICARLY

Enquanto estiveram nos Estados Unidos, os meninos da 1D apareceram como convidados no seriado *iCarly*. Isso lhes deu a oportunidade de mostrar seus talentos como atores na TV norte-americana. No episódio, Harry tenta chamar a atenção de Carly fingindo estar doente. Para convencê-lo a sair da cama de novo, os meninos bolam um plano para fazer Harry pensar que o amigo de Carly, Gibby, está tomando o seu lugar na One Direction.

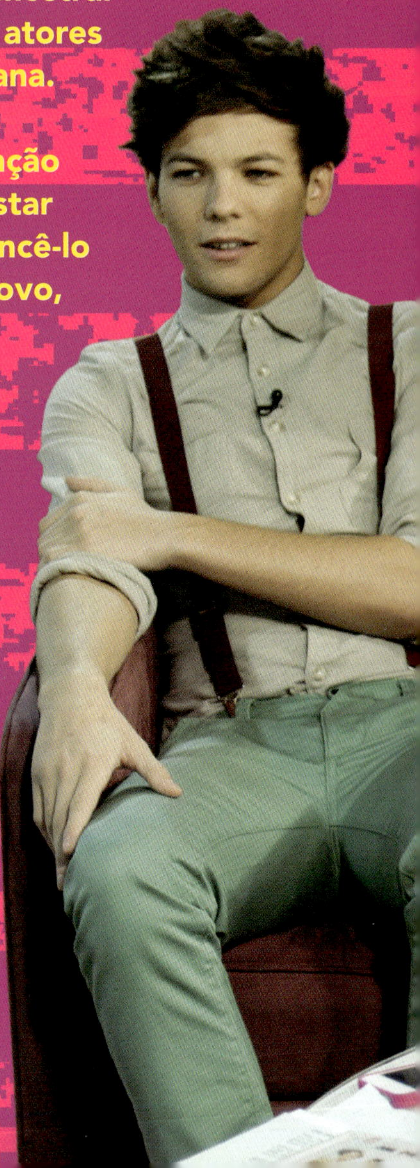

O plano funciona, e Harry se levanta para cantar "What Makes You Beautiful" com a banda. Foi um show incrível!

A LOUCURA DO MADISON

A One Direction pode ter feito história quando seu primeiro álbum chegou ao topo das paradas nos Estados Unidos, mas os garotos souberam que realmente tinham conquistado o país quando os ingressos para o Madison Square Gardens – a terceira maior casa de espetáculos do mundo – se esgotaram em apenas uma hora.

Liam agradeceu às fãs no Twitter: "Mal posso esperar. Esta vai ser a noite mais incrível da minha vida. Muito obrigado por nos ajudar a lotar o Madison Square Gardens!!!! :)"

Até a mãe de Louis entrou na conversa e tuitou: "Quer dizer que os meninos quebraram MAIS UM RECORDE :) #bandaperfeita #maecoruja".

PRIMEIRA-DAMA

Os meninos ficaram de queixo caído ao serem convidados para uma caça a ovos de Páscoa na Casa Branca, mas ficaram desapontados quando precisaram recusar o convite, porque tinham de estar em uma turnê na Austrália.

A GRANDE TURNÊ

O entusiasmo da One Direction por percorrer os Estados Unidos foi confirmado quando eles anunciaram uma turnê por todo o país, em maio e junho de 2012.

O romance entre a One Direction e os Estados Unidos está acelerando corações!

nickelodeon
nickelodeon

CAÇA-PALAVRAS

Os títulos de todas as músicas do primeiro álbum da One Direction estão escondidos neste caça--palavras. Você é capaz de encontrá-los? As palavras podem estar na vertical (para cima ou para baixo), na horizontal (para frente ou para trás) ou na diagonal. Confira as respostas na página 61.

U	O	D	J	U	P	E	F	L	W	I	E	D	E	L	B	A	N	O	W	L
O	S	E	K	A	G	N	I	H	T	E	N	O	M	T	A	H	T	K	U	A
Y	O	U	B	E	A	I	W	A	N	T	U	T	I	S	F	U	L	F	O	R
T	N	R	E	T	S	A	I	E	T	A	E	R	T	G	R	E	I	B	E	S
U	S	T	M	I	L	L	S	R	E	A	D	O	C	A	M	T	B	S	R	A
O	O	E	R	V	O	R	H	G	S	T	L	E	R	R	U	A	B	A	I	V
B	E	R	Y	A	V	E	N	T	I	E	L	U	P	A	P	R	I	M	D	E
A	G	A	G	U	V	B	R	O	M	F	Y	A	E	M	A	L	S	E	G	Y
G	B	O	L	I	N	G	S	Y	T	R	A	B	Y	J	L	S	B	M	E	O
N	A	J	T	E	C	N	H	E	N	E	U	S	N	A	L	Y	T	I	A	U
I	M	I	E	T	B	E	A	K	E	O	R	J	A	C	N	K	I	S	E	T
H	H	A	M	E	A	E	D	I	Y	R	M	P	S	N	I	L	O	T	C	O
T	U	C	K	R	L	B	E	S	B	E	R	Y	F	I	G	N	W	A	H	N
Y	O	H	T	C	S	T	E	A	Y	O	U	T	N	E	H	R	A	K	Y	I
R	O	L	M	R	G	K	A	Y	T	E	S	P	A	R	T	A	K	E	N	G
E	G	L	O	C	A	Y	T	I	O	N	U	M	O	C	E	D	O	S	K	H
V	L	O	N	M	G	R	D	S	I	U	X	T	F	O	R	T	T	A	B	T
E	I	Y	T	E	L	L	M	E	A	L	I	E	A	D	R	E	S	E	Y	E
W	E	A	N	T	O	S	E	E	M	A	S	T	S	A	M	E	V	E	T	O
I	H	M	A	E	K	Z	W	S	I	H	T	N	A	H	T	E	R	O	M	N
W	M	E	S	N	A	T	Q	J	K	L	B	T	R	A	E	N	T	H	G	I

MORE THAN THIS
ONE THING
I WISH
I WANT
SAVE YOU TONIGHT
GOTTA BE YOU
UP ALL NIGHT
SAME MISTAKES
STOLE MY HEART
WHAT MAKES YOU BEAUTIFIUL
TELL ME A LIE
TAKEN
EVERYTHING ABOUT YOU

A FÃ NUMERO UM

Ponha à prova seu status de superfã com este quiz sobre a 1D. Confira as respostas na página 61.

Para cada resposta correta, pinte uma estrela do lado direito da página, começando na parte de baixo. Quanto mais perto você chegar da grande estrela no topo, mais elevado o seu status de superfã!

1. Que nome Zayn havia sugerido originalmente para a banda?

A: New Direction
B: Pente – cujo som lembra a palavra grega para "cinco"
C: The Zaynorators

2. Que integrante da One Direction apareceu pela primeira vez no *X Factor* em 2008 e chegou à etapa da Casa dos Jurados?

A: Liam
B: Zayn
C: Harry

3. Para qual evento a One Direction foi convidada à Casa Branca em Washington, nos EUA?

A: O aniversário de Malia, filha do presidente Obama
B: Um jantar de Ação de Graças
C: Uma caça a ovos de Páscoa

4. Qual dos seguintes livros Niall já leu?

A: O sol é para todos
B: O senhor das moscas
C: Ratos e homens

5. Qual dos integrantes da One Direction tem quatro irmãs?

A: Louis
B: Harry
C: Liam

6. Qual é o nome do meio de Harry?

A: James
B: Edward
C: Arthur

7. Quem é o integrante mais velho da One Direction?

A: Liam
B: Niall
C: Louis

8. Qual é o usuário de Liam no Twitter?

A: @Real_Liam_Payne
B: @LiamOfficial
C: @liampayne

9. Em que lugares o álbum *Up all night* foi gravado?

A: Reino Unido, Itália e EUA
B: Reino Unido, Suécia e EUA
C: Suécia, EUA e França

10. Qual destes é o amuleto da sorte de Niall?

A: Um par de meias brancas
B: Um bracelete de couro branco
C: Uma camisa polo branca

11. Que instrumento raro Harry toca?

A: Um keytar
B: Um bazantar
C: Um kazoo

12. Quem canta a maioria dos solos no álbum *Up all night*?

A: Harry
B: Zayn
C: Liam

SUPERFÃ INSUPERÁVEL!

MEGA FÃ

QUALIFICAÇÃO EXCEPCIONAL!

CONHECIMENTO IMPRESSIONANTE!

PARTE DA FAMÍLIA 1D!

QUE ORGULHO DE VOCÊ!

ESTÁ QUASE LÁ

INDO MUITO BEM

PONTUAÇÃO RESPEITÁVEL

FÃ NOVATA

PRECISA SE ESFORÇAR MAIS

IHHH...

O FUTURO PROMETE!

Seria difícil superar o ano que Liam, Zayn, Harry, Niall e Louis acabaram de ter. Como você supera uma ascensão meteórica rumo ao superestrelato internacional?

Ao que tudo indica, o próximo ano será igualmente cheio de hits no topo das paradas, cerimônias de premiação e, é claro, gritos de fãs! Agora, nada segura esses garotos. Veja o que já está na agenda da 1D...

SEGUNDO ÁLBUM

A One Direction já está trabalhando em seu segundo álbum, destinado a ser tão estrondoso quanto o primeiro! Os garotos, que ajudaram a escrever algumas das letras em *Up all night*, estão loucos para trabalhar com grandes estrelas da música.

Simon Cowell desafiou os maiores letristas e produtores do mundo a trabalhar com a One Direction e criar seu próximo sucesso. Já confirmados para colaborar no álbum estão talentos como Rami Yacoub, Carl Falk e Savan Kotecha – coautor de "What Makes You Beautiful" –, Tom Fletcher, do McFly, e Max Martin e Kristian Lundin, famosos por sucessos gravados por Britney Spears, Katy Perry e Pink. Também há rumores de que as celebridades Ed Sheeran, Adele e Dappy talvez participem.

TURNÊ EM ESTÁDIOS

Após sua incrível turnê pelos Estados Unidos, a One Direction planeja fazer suas primeiras apresentações em estádios em 2013. Os shows acontecerão nos maiores e melhores locais de espetáculos do Reino Unido, oferecendo a milhares de fãs britânicos a oportunidade de ver os garotos em sua terra natal. É provável que, depois disso, eles partam para uma turnê mundial, para que directioners do mundo inteiro possam participar.

VIVENDO O SONHO

Os garotos amaram trabalhar em seu primeiro livro, *Dare to dream*, e estão prontos para publicar outro título em 2013. O livro mostrará sua ascensão à fama por todo o planeta e promete estar recheado de fofocas e fotos inéditas dos bastidores para ajudar as fãs a ter uma ideia de como os meninos são de verdade. "Esperamos dar às fãs algo novo e especial", diz Niall. "Para nós, a coisa mais importante é que nossas fãs amam e ficam felizes com tudo que lançamos [...] Mal podemos esperar para começar a trabalhar nisso."

TUDO PARA ELES

Não só as fãs são fiéis à One Direction; toda a indústria da música tem feito fila para reconhecer as conquistas da banda. Veja só a coleção de prêmios dos meninos.

VOCÊ SABIA?
Os garotos da One Direction não têm medo de dividir os holofotes. Eles indicaram seus letristas e produtores Rami Yacoub, Carl Flak e Savan Kotecha para o BRIT Awards 2012 na categoria Heróis Desconhecidos. A premiação celebra as pessoas que trabalham nos bastidores da indústria da música.

Teen Icon Awards 2011, da revista *J-14*

Vencedores na categoria Ícone de Amanhã

BRIT Awards 2012

Vencedores na categoria Melhor Single Britânico

Kids' Choice Awards 2012, do canal de TV Nickelodeon

Vencedores na categoria Melhor Banda do Reino Unido

Vencedores na categoria Revelação do Reino Unido

4Music Awards 2011

Vencedores na categoria Melhor Grupo

Vencedores na categoria Revelação

Vencedores na categoria Melhor Clipe

TODAS AS RESPOSTAS

p. 45: CONSELHOS DE ESTILO
A: Niall; B: Zayn; C: Louis; D: Harry; E: Liam

p. 48: VERDADE OU MENTIRA?
AFIRMAÇÃO 1: Verdadeira; AFIRMAÇÃO 2: Falsa; AFIRMAÇÃO 3: Falsa; AFIRMAÇÃO 4: Verdadeira; AFIRMAÇÃO 5: Verdadeira; AFIRMAÇÃO 6: Falsa; AFIRMAÇÃO 7: Verdadeira; AFIRMAÇÃO 8: Falsa; AFIRMAÇÃO 9: Verdadeira; AFIRMAÇÃO 10: Verdadeira; AFIRMAÇÃO 11: Falsa; AFIRMAÇÃO 12: Falsa.

p. 54: CAÇA-PALAVRAS

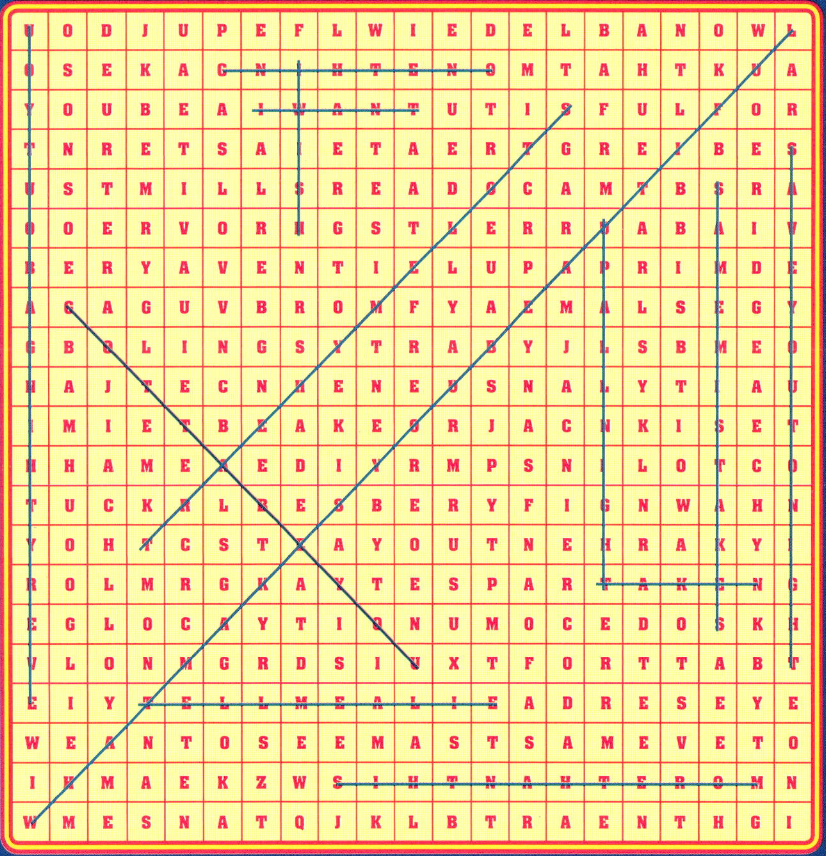

p. 56: A FÃ NÚMERO UM
1: B
2: A
3: C
4: A
5: A
6: B
7: C
8: A
9: B
10: A
11: C
12: A

Este livro foi composto em Avenir,
para a Editora Planeta do Brasil,
em setembro de 2012.